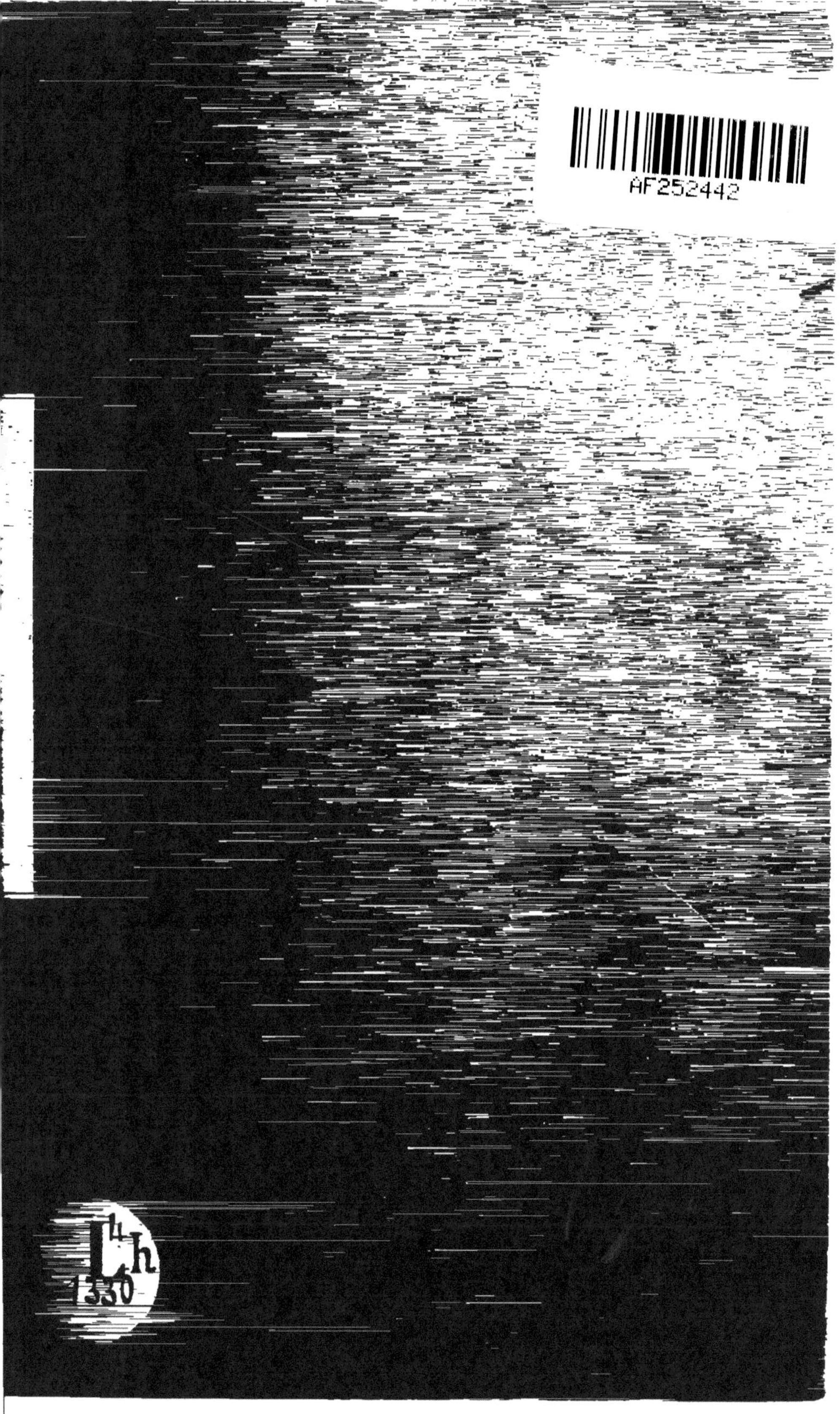

AF252442

LES ÉPAVES

MÉLANGES

LES

ÉPAVES

MÉLANGES

PAR

Mlle P*** DE F***

SCEAUX

IMPRIMERIE CHARAIRE ET FILS

42, RUE HOUDAN, 42

1873

AVANT-PROPOS

Dans le mois de septembre de l'année passée,
dans ma retraite où je lisais alors peu de journaux,
j'entendis parler vaguement de la guerre qui s'an-
nonçait : une guerre contre la Prusse; et, quelques
jours après, je lus la déclaration hautaine et si mal-
heureusement inopportune signifiée au roi Guillaume
par l'empereur Napoléon III. J'en fus profondément
affligée ; une guerre est toujours un fléau à déplorer ;
mais que j'étais loin de penser que celle-là serait
désastreuse comme elle l'a été pour ma pauvre patrie! Je croyais que, comme dans celles de Crimée
et d'Italie, tout se passerait hors de nos frontières,
et cependant je me disais : « C'est triste! Nous
allons recevoir quelques bulletins de victoire, quelques récits de triomphe payés par la mort de plusieurs centaines, et peut-être de plusieurs milliers
d'innocents! » Je me rappelais un mot que je trouve
très-beau, un mot du duc de Wellington que j'avais

entendu souvent citer par mon père. C'était en 1815.
Mon père, avec MM. Boissy d'Anglas, de Vallance,
Andréossy et la Bénardière, fut envoyé à Villejuif
auprès du général anglais, pour négocier un armistice.
Celui-ci était entouré d'un nombreux état-major.
Naturellement, les Anglais ravis exaltaient sa gloire,
la grande bataille qu'il venait de gagner. Il mit fin
à ce concert de louanges, peu agréable à des oreilles
françaises, par ces paroles aussi modestes que phi-
losophiques : « Une bataille gagnée! Rien de plus
triste qu'une bataille gagnée, si ce n'est une bataille
perdue. »

Je me rappelais ces nobles paroles, et, malgré
la date à laquelle elles se rapportaient, je ne met-
tais pas en doute nos futurs succès, mais je pleurais d'avance le prix auquel ils seraient achetés.

Ainsi je méditais dans nos sentiers déserts, quand
deux journaux envoyés de Paris m'apprirent à la
fois deux sanglantes défaites. J'en ressentis une
souffrance dont l'excès m'étonna.

Depuis si longtemps je pleurais mes chagrins intimes, j'en étais si exclusivement absorbée, que j'avais
oublié à quel point j'aimais mon pays. Eh quoi!
nos frontières franchies, le sol français foulé par
les bottes prussiennes! L'ennemi, cet ennemi que
dans mon ignorance, je supposais si inférieur à nous,
s'avançant à travers nos provinces envahies! je ne

pouvais me consoler. Et cependant j'espérais, j'attendais une éclatante revanche. Les Français dans ces journées fatales ont été mal commandés, disait-on, eh bien! on leur donnera des chefs plus capables ou plus heureux. Est-ce que les grands, les habiles généraux peuvent manquer en France? Tels étaient mes pensers, mes vœux ardents, mon ferme espoir, et l'étranger farouche avançait à grands pas! Il était là, tout près de nous, dans le département de la Seine! Prévoyant son arrivée inévitable, tous mes voisins faisaient à la hâte leurs préparatifs de départ.

Les autorités locales pressaient chacun de se rendre à Paris et s'enfuyaient, devançant tous les autres. Sceaux, Bourg-la-Reine, notre Châtenay étaient déjà désertés. Les boulangers étaient partis, suivis bientôt de toute la population. C'était un spectacle attristant que celui que présentaient ces localités silencieuses avec leurs boutiques fermées, leurs maisons soigneusement barricadées. Tout semblait frappé de mort ou endormi de quelque sommeil magique. Autour de moi, à Aulnay, les maisons se vidaient et se fermaient de même. Chaque jour je voyais partir de grandes voitures, chargées de meubles, de linge, de vêtements, d'ustensiles et de provisions de toute sorte.

On dépouillait les maisons, les vergers, les potagers; ce qu'il était absolument impossible d'emporter, on se hâtait de le consommer sur place.

Seule, j'avais résolu de rester. Quitter mon cher ermitage me semblait impossible. J'ai réuni là tant d'objets qui me sont chers ! Mes portraits, précieuses images de ce que j'ai tant aimé, de ce que la mort m'a ravi ! mes autographes si pieusement recueillis et soigneusement conservés ; mes livres au nombre de cinq mille volumes, précieux à divers titres, quelques-uns annotés par mon père, beaucoup de la main de M. de Latouche ; de nombreux manuscrits où je retrouvais tout mon passé ; la pendule de bronze arrêtée à une heure fatale, il y a vingt ans ! le fauteuil toujours placé et religieusement gardé au coin du foyer, tout, jusqu'aux moindres objets, avait pour moi une signification et un langage.

Dans le jardin, la petite colonne qui me marquait la place où un cher et poétique malade aimait à se reposer au soleil d'hiver ; enfin, à quelques pas, le lieu de recueillement, de deuil et de prières où j'ai pris l'habitude de passer la plus grande partie de mes solitaires journées : l'idée de m'éloigner de tout cela n'entrait même pas dans mon esprit, et je disais en regardant mes grands arbres, mes vieux lierres inséparables des murs où ils s'accrochent par leurs mille petites mains : « Moi aussi je mourrai où je me suis attachée. »

D'ailleurs, malgré tous nos malheurs, malgré la fuite précipitée de tous mes voisins, je ne croyais pas, je ne pouvais croire que l'ennemi arriverait jusqu'à nous, encore moins jusqu'à Paris. Non, non, plus il s'approchait, plus me paraissait prochain le combat vengeur, décisif, qui devait le mettre en fuite, le repousser jusqu'au Rhin, effacer tous nos revers.

Mais un combat, c'est du sang versé, des morts pour lesquels on ne peut plus, hélas! que prier; mais aussi des blessés à soulager, si on le peut.

Là-dessus je me mis à organiser une petite ambulance.

Il y a, c'est-à-dire il y avait, au fond du jardin en pente douce dont se compose toute la propriété d'Aulnay, un pavillon que le cher poète lui même a fait construire et qu'il aimait avec prédilection parce que le site en est charmant.

Ce fut là que je plaçai mon infirmerie. On disposa le mieux possible au rez-de-chaussée deux bons lits de soldats, deux grands fauteuils commodes, du linge en abondance, enfin tout ce qui me parut devoir être utile à de pauvres invalides, sans oublier un gros paquet de tabac; à l'étage au-dessus, j'arrangeai de mon mieux une chambre d'officier confortable et même élégante. J'espérais contre toute espérance que cela servirait à des Français, mais je pensais bien que, Français ou non, des malades qui trouveraient un hospice ainsi préparé et qui se verraient entourés de soins charitables, respecteraient et feraient respecter cet asile, et qu'à tout événement, j'aurais là une sauvegarde. J'étais donc plus que jamais décidée à rester quand même.

Mais voilà qu'une dame de mes amies, madame D***, arrive tout à coup, me déclare qu'elle vient exprès pour me chercher, qu'elle ne me laissera pas ainsi seule dans ma solitude en pareille circonstance, et me presse de monter dans sa voiture à côté d'elle. Je rejetai bien loin cette proposition, tout obligeante qu'elle était, je résistai à tout ce qu'on put me dire ce jour-là. En la voyant enfin s'éloigner, en fermant moi-même la portière de sa voiture, j'étais joyeuse, quoique je l'aime de toute mon âme. Il me semblait que j'échappais à un péril. Mais, dans sa sollicitude affectueuse, elle revint le lendemain. C'est une personne d'une bonté parfaite, d'une haute piété, surtout d'une extrême droiture ; ce qu'elle veut, c'est toujours ce qu'elle croit le bien, le mieux, et elle le veut obstinément. Elle redoubla d'instances et je cédai, non persuadée, mais entraînée, et surtout parce que je croyais pouvoir revenir dans quelques jours.

Je partis donc sans prendre aucune précaution, abandonnant au premier occupant cette maison que j'habitais depuis vingt-cinq ans, où j'avais rassemblé tout ce qui m'était cher et précieux, ou simplement utile. Tout fut laissé à sa place ordinaire comme si j'allais revenir le lendemain. A côté de ce que je regardais comme des trésors littéraires, je laissai des papiers d'affaires importants. Je n'emportai ni le peu de bijoux que je possédais, ni linge, ni un simple manteau, rien que deux médaillons, une miniature de mon pauvre père que je portais ce jour-là suspendue à mon cou et l'un des nombreux portraits de Latouche dont je m'étais plu à multiplier l'image dans toutes les chambres de sa chère retraite.

Je partis, me croyant bien sûre de revenir dans peu de jours. Si j'avais su prévoir une absence de six mois!...

Je n'ai plus de famille. A Paris comme ailleurs, je n'ai plus à visiter que des tombeaux! mais madame D*** avait pensé à tout; elle m'amena dans l'asile qu'elle s'était choisi pour elle-même, au couvent de la *Retraite*, rue du Regard.

Dans cette belle et sainte maison, je trouvai non-seulement le bien-être matériel et la plus parfaite bienveillance, mais encore une société nombreuse et charmante. Ce splendide établissement date du siècle de Louis XIV. Il a pour but d'offrir aux dames du monde qui désirent se recueillir quelques jours ou même quelques semaines à l'approche des principales fêtes religieuses, un abri pieux quoique très-confortable, et des instructions journalières pour les disposer à célébrer chrétiennement ces solennités.

Ordinairement, ces instructions sont faites par

des prédicateurs éloquents, le plus souvent par les pères de l'Oratoire dont la maison est à côté.

Les Dames de la Retraite sont cloîtrées , mais comme elles possèdent des maisons dans diverses provinces de la France, elles changent assez souvent de résidence, soit par raison de santé, soit pour les intérêts de leur ordre. Toutes les religieuses que j'ai vues là étaient des personnes distinguées d'esprit, de cœur et de langage. Il était aisé de voir qu'elles avaient reçu dans leur famille une éducation soignée.

Les dames pensionnaires étaient en bien plus grand nombre qu'en temps ordinaire. Plusieurs d'entre elles, venues comme nous de la campagne ou de province, s'étaient réfugiées là pour le temps du siége. On avait établi dans les parties extérieures du couvent de spacieuses et belles ambulances, une entre autres dans une vaste pièce appelée le *grand parloir*. Il y avait beaucoup de blessés et de malades, principalement de jeunes mobiles. Ils étaient soignés, on peut dire *maternellement*. D'habiles infirmières, des religieuses âgées, des dames pensionnaires qui se joignaient aux sœurs, se relevaient auprès des lits de douleur, gardiennes dévouées et infatigables... Et pourtant, malgré tant de bons soins, on eut à regretter plusieurs de ces pauvres soldats.

Ces malades se montraient au surplus pleins de reconnaissance. Ceux qui étaient convalescents et en état de se rendre à la chapelle aux heures des offices s'y rendaient avec empressement.

Parmi les malades, se trouvait un général bien connu, gravement blessé d'un éclat d'obus et qui fut en grand danger. C'est M. le général Boissonet, proche parent de la supérieure de la maison, madame de P***. On voit que le couvent était bien peuplé. Les dames pensionnaires recevaient leurs familles et leurs amis. L'ambulance attirait beaucoup de visites, beaucoup d'allants et de venants.

La chapelle était ouverte au public, et la réputation de quelques orateurs éminents réunissait parfois une nombreuse assistance. Il y avait une bibliothèque, des journaux. Enfin cette maison de retraite offrait des distractions sérieuses, mais assez variées.

Comparé à mon désert, le cloître était pour moi le monde, mais un monde édifiant et parfaitement bienveillant.

Parmi les dames pensionnaires, il y en avait de fort aimables. Elles se réjouissaient de la bonne idée qu'elles avaient eue de se réfugier là et s'y croyaient en sûreté. Cela m'étonnait, quoique j'eusse fait la même démarche sans partager la même illusion. Quel séjour en effet pouvait être plus exposé que celui de Paris? Et puisque le gouvernement craignait l'investissement, le siége, la famine, pourquoi entasser dans la place tant de bouches inutiles?

Pour être entièrement féminine, la population intérieure du couvent n'en avait pas moins d'enthousiasme et de dévouement à la patrie malheureuse. On ne s'entretenait que des événements publics, on appelait de vœux ardents les armées de secours, le moindre succès relevait toutes les espérances. Mais un mur vivant et formidable séparait Paris du reste du monde. On ne savait rien, on lisait avec un profond découragement des journaux qui n'apprenaient rien. Ne pouvant rien de plus, on priait. On priait beaucoup et avec ferveur. Les journées se terminaient ordinairement dans la chapelle où, après une bénédiction solennelle, les instructions, les oraisons, les chants pieux se prolongeaient. En ce genre, chacun ou plutôt chacune faisait ce qu'elle pouvait. L'une composait les paroles d'un cantique, une autre la musique, les plus belles voix le chantaient. Quant à moi, j'invoquais la sainte patronne de Paris, je lui disais :

> Reine du Ciel, la cité qui t'est chère
> T'implore encor dans ces nouveaux malheurs,
> Entends sa voix, c'est en toi qu'elle espère
> Ta douce main saura tarir nos pleurs.
>
> Nous exhalons une ardente prière
> Vers cet autel paré de tes couleurs.
> Sauve Paris! Défends ton Sanctuaire!
> L'impie insulte à nos mornes douleurs!

> Arme ton bras, ô Vierge glorieuse !
> Sur nos remparts où plane le trépas,
> Viens terrasser le démon des combats !
>
> Foule à tes pieds cette tête orgueilleuse !
> Venge ta gloire ! efface nos revers !
> Brise à jamais, brise ce front pervers !

Vœux impuissants, hélas ! mais que pouvaient de plus de pauvres recluses ?

La famine commençait à se faire cruellement sentir dans la ville. Mais grâce aux soins prévoyants de madame de P***, la Supérieure, on avait fait à l'avance pour le couvent d'utiles provisions. De sorte que, bien que rigoureusement soumis, comme tout le monde, au rationnement, ni les hôtes si intéressants de l'ambulance ni les dames pensionnaires n'eurent guère de privations à supporter. Il est vrai de dire que les religieuses, bien avant de penser à elles, pensaient à leurs chers malades d'abord, puis aux dames étrangères, qu'elles entouraient de soins et de prévenances.

Cependant les réserves s'épuisaient. Il y avait une belle vache laitière, précieuse ressource pour les déjeûners. D'ailleurs, cette pauvre nourrice était si débonnaire qu'on l'aimait pour elle-même. Quant à moi, je ne voyais jamais son étable ouverte, sans aller lui faire une caresse qu'elle payait par un bon regard de ses gros yeux doux et placides. Fatalité ! Elle fut mise en réquisition, c'est-à-dire condamnée à périr, de par je ne sais quelle autorité cruelle et toute-puissante ; la mairie, je crois.

La plus pénible des privations était celle de toute nouvelle certaine. On s'épuisait en conjectures. On lisait avec une fiévreuse impatience des journaux qui n'apprenaient rien. On faisait des vœux aussi ardents qu'impuissants pour l'arrivée des armées de secours. Le moindre succès excitait parmi nous une joie délirante, que bientôt, hélas ! quelque désolant revers venait détruire ! Je me rappelle avec quel transport j'appris la prise d'Orléans par le général Aurelles de Paladine ! Je calculais en combien de jours, d'heures, de minutes, nous verrions accourir l'armée libératrice !... mais quelle amère déception ! Dans cette guerre sans précédent, le cœur ne s'ouvrait à un moment d'espoir que pour se resserrer plus douloureusement sous le poids d'une tristesse accablante.

Pour moi, je regrettais vivement, malgré les soins aimables qui m'entouraient, d'avoir pu quitter ma solitude, je me le reprochais. Je voulais absolument revoir ce toît aimé et surtout ma triste et chère cellule du Petit Châtenay. J'étais en proie à la plus cruelle nostalgie.

La situation de Paris devenait de plus en plus lamentable. Le bombardement avait commencé ; déjà il avait fait de grands dégâts et quelques victimes dans le voisinage et même fort près du couvent. La

nuit, il redoublait d'intensité et formait avec les ca-
nons des forts, qui tonnaient aussi dans les ténèbres,
un terrible et effrayant concert.

Depuis longtemps, il avait fallu cesser les pieuses
réunions du soir ; fermer et blinder la chapelle.
Alors, je me retirais de bonne heure dans ma chambre, où je lisais souvent jusqu'au jour. Une nuit,
trois heures venaient de sonner, j'étais devant le
feu, tenant sur mes genoux un gros volume : *la Vie
des Pères du Désert*. Une lampe était auprès de moi,
posée sur un petit guéridon. Tout en lisant, j'écoutais le canon grondant comme un tonnerre lointain.
De temps à autre, un bruit plus strident et plus
rapproché se faisait entendre, et je disais : « Voilà
une bombe qui vient de tomber bien près de la maison. »

Tout à coup, un fracas épouvantable ébranle tout
l'appartement ; ma lampe est renversée dans le feu
et l'éteint. Je reste dans les ténèbres. Je ressens deux
coups violents, l'un à la tête qui me cause une poi-
gnante douleur, l'autre à l'épaule, et je demeure
comme ensevelie sous quelque chose qui me paraît
du sable ou de la cendre. Après un moment de stu-
péfaction, je me rendis compte de ma situation.
Évidemment, une bombe venait de tomber sur la
maison, écrasant le toit et entraînant tout le plafond
de la chambre ; ce qui m'avait frappée si rudement,

c'étaient des tuiles ou des pierres, des débris de la toiture. Ce qui me couvrait et m'étouffait, c'était du plâtre mêlé à des flots de poussière et de fumée. Je me demandai ce qu'il y avait à faire. Il me survint une idée qui me sembla magnifique : chercher à tâtons une allumette, raviver ma lumière et me remettre à lire tranquillement jusqu'au jour et à l'arrivée de la bonne sœur chargée de me servir. Mais il fallut bientôt renoncer à ce beau projet. J'étais à demi asphyxiée dans une atmosphère étouffante causée par l'huile de la lampe tombée dans le foyer ; puis, je pensai qu'il y avait peut-être quelque précaution à prendre pour le salut de la maison et je me décidai à tâcher d'avertir de ce qui venait d'arriver.

En temps ordinaire, c'était chose facile, la maison étant partout éclairée par de nombreux becs de gaz. Mais depuis trois mois, le gaz était supprimé. L'obscurité était complète ; et pour trouver à qui parler, il me fallait monter et descendre plusieurs escaliers, traverser de vastes salles, suivre de longs corridors où je m'égarais souvent, même en plein jour. J'essayai cependant. Je fis, en tâtonnant, le tour de cette chambre qui s'écroulait, et, en marchant à travers les plâtras tombant de tout côté, j'arrivai à la porte. Là, à ma grande satisfaction, j'aperçus, au fond d'un long couloir, une faible et tremblotante

lumière qui s'avançait vers moi. C'était la bonne
sœur chargée de mon service. Elle avait, non-seulement entendu, mais vu, d'un corps de logis situé
en face, la bombe tomber et le toit s'effondrer au-
dessus de l'appartement que j'habitais. Armée d'une
petite lampe, elle venait tout effrayée savoir si je
vivais encore. En me voyant debout et très-calme,
elle se mit à pousser de petits cris et ne se possédait
pas de joie. Elle me conduisit dans la chambre de la
supérieure, où toute la communauté, réveillée en
sursaut, s'était réfugiée à la hâte. Tout le monde
me félicita, m'embrassa; l'on fit des prières d'ac-
tions de grâce, et le reste de la nuit se passa en pro-
jets de départ pour le lendemain. Dès qu'il fit jour,
les dames pensionnaires s'empressèrent de quitter la
maison, la supérieure trouva pour elle et plusieurs
de ses compagnes un asile chez ses parents qui rési-
daient à Paris, mais dans un quartier moins exposé.
Elle plaça toutes ses religieuses dans divers cou-
vents. Les jeunes novices avaient été envoyées en
province avant le siége. Les ambulances furent éva-
cuées par les soins de M. le général Boissonet, qui
partit lui-même quoique très-souffrant. Mon amie,
madame D***, qui m'avait introduite dans le couvent, se retira auprès d'une de ses belles-filles. On
me proposa un logement à la Chaussée-d'Antin,
mais il me semblait que faire une seconde installation

à Paris, c'était m'éloigner encore de mon hameau. Je préférai rester à tout hasard où je me trouvais. Cette grande maison, la veille si peuplée, demeura donc presque déserte, n'étant plus occupée que par deux religieuses extrêmement âgées, une sœur converse et moi.

Les projectiles meurtriers fondaient maintenant en grand nombre sur ce quartier désolé.

Un ordre de la mairie prescrivait de laisser les portes cochères ouvertes durant toute la nuit, afin que les passants et les patrouilles pussent y trouver un abri. Heureusement, quelques militaires soignés et guéris dans les ambulances du couvent purent se joindre au concierge pour veiller et protéger la maison.

Quelques voisines avaient demandé et obtenu pour elles et leurs plus jeunes enfants l'autorisation de passer la nuit dans les vastes caves qui étaient devenues notre unique habitation. Elles arrivaient chaque soir portant leurs lits. Ma chambre n'existait plus. D'un petit sous sol où l'on m'avait installée, j'écoutais les bruits amortis mais encore terribles de la mitraille et des obus qui battaient en brèche ce malheureux quartier de Paris, constamment, mais surtout de dix heures du soir à six heures du matin.

De mon petit réduit souterrain, j'entendais pendant quelques minutes les causeries des voisines occupées à préparer leurs lits, mais un silence profond ne tardait pas à s'établir, en dépit de toutes les alarmes.

Pour moi, que l'âge et des circonstances douloureuses ont presque complétement déshabituée du sommeil, je lisais dans mon sous-sol, et c'est à cette époque surtout que j'ai mis à contribution la bibliothèque. Les *Vies des Pères du Désert* m'intéressaient beaucoup. J'admirais comment ces solitaires traversaient au milieu de tant d'austérités et presque sans nourriture une vie qui durait souvent un siècle entier, et conservaient jusque dans la plus extrême vieillesse et quelquefois sous les apparences de la décrépitude, une santé inaltérable et toutes leurs facultés intellectuelles ! Ils donnaient tout à l'âme immortelle et presque rien au corps périssable. Et l'âme, à leur insu peut-être, soutenait le corps et lui communiquait des dons surhumains ou miraculeux.

Malgré cette horrible pluie de fer et de feu, qui frappait sans relâche la cité en deuil, je sortais tous les jours. J'allais à la recherche de quelque journal, de quelque nouvelle, je m'informais du départ de tous les ballons montés et du retour des pigeons voyageurs. Mais, malgré ma vive admiration, jamais ces doux messagers ne m'ont apporté aucune missive et celles que j'ai souvent confiées à la poste aérienne sont restées sans réponse.

J'éprouvais une inquiétude inconcevable et trop

bien fondée sur le sort de mon pauvre hermitage. Hélas! je n'avais plus de famille, plus d'amis intimes exposés à des dangers. La mort m'avait ravi tous ceux qui m'étaient chers. Dans ce cruel isolement, j'avais entouré d'affection, doué d'une sorte de vie les lieux où vivaient mes souvenirs, je sentais irrésistiblement le besoin de les revoir.

On ne laissait sortir personne de Paris; cependant je lus dans un journal que deux religieuses vouées aux soins des malades comme les filles de Saint-Vincent de Paul, mais portant un costume plus moderne, avaient pu franchir le cercle maudit qui nous emprisonnait pour aller porter secours à des blessés. J'avais bien peu de chose à changer à mon costume, qui consistait en une robe noire et un capuchon, pour lui donner un air tout-à-fait monacal. Je le fis et m'acheminai seule à pied au petit point du jour vers le chemin de Montrouge. Hélas! je fus témoin du spectacle le plus navrant qu'on puisse jamais imaginer.

J'ignorais, car on l'avait caché avec soin, qu'il y avait eu la nuit de ce côté un combat meurtrier. Nos malheureux soldats (c'étaient, je crois, de jeunes mobiles), surpris par un ennemi plus nombreux, venaient d'abandonner un poste important et s'enfuyaient éperdus, jetant sur la route des paquets, des ustensiles, des armes! Les habitants rentraient précipi-

tamment et se renfermaient chez eux, les femmes
pleuraient emportant leurs enfants effrayés. Car on
disait que les Prussiens étaient à la poursuite de nos
malheureux conscrits et qu'ils allaient mettre tout à
feu et à sang. Je priai une marchande qui barricadait
sa boutique de me prêter un moment asile. Mais
elle ne m'entendit pas ou ne voulut pas m'écouter.
Je me rangeai comme je pus entre des pierres qui
bordaient la route pour laisser passer ce tourbillon.

Bientôt pourtant passèrent des hommes d'aspect et
d'allure tout différents. Leurs figures moins jeunes
étaient graves et tristes. Plusieurs d'entre eux mar-
chaient à pas lents, soutenant des camarades blessés.
Je m'étonnais de ne pas voir des voitures d'ambulance. J'en vis plus tard en grand nombre. En ce moment il n'y en avait point. Un officier évanoui, peut-
être mort, était porté sur une sorte de brancard par
cinq ou six soldats. Un des hommes qui le portaient
avait la main droite enveloppée d'un linge ensanglan-
té, il était très pâle. Un camarade vint le remplacer
en lui disant : « Va-t'en ! moi je suis solide. » Le blessé,
qui semblait souffrir beaucoup, vint s'asseoir sur une
pierre. Comme le linge qui couvrait sa main mutilée
était entièrement mouillé, il se mit à fouiller dans
ses poches, cherchant un autre mouchoir. J'offris le
mien et je le nouai comme je sus, c'est-à-dire fort
maladroitement, autour de la main malade, regrettant

d'être si malhabile et de ne savoir pas faire un pansement au moins provisoire. Mais on me répondit avec une sorte de brusquerie :— «Bah! ce n'est qu'une égratignure. Je voudrais avoir laissé mon bras dans cette bagarre et ne pas voir ce que je vois! — Cet officier qui paraît si malade, c'est votre chef? votre ami peut-être? — C'est mon capitaine. J'espère pour lui qu'il est mort. C'est ce qu'il peut arriver de plus heureux. Je voudrais être à sa place. » Ce pauvre homme dit encore quelques mots pleins d'une amère tristesse. Il était agité et semblait avoir la fièvre. Bientôt cependant il se leva et rejoignit ses compagnons. La route redevint libre.

Mais la matinée était avancée et je vis que le temps me manquerait pour mon expédition. Je me résignai à regret à la remettre à un autre jour. Je regagnai la rue du Regard le cœur bien triste, et douloureusement impressionnée.

Tout le monde, dans la maison, connaissait les cruels événements de la nuit, dont j'avais vu en partie les suites déplorables.

En même temps que le bombardement devenait plus terrible, le cercle infernal qui nous entourait se resserrait et devenait plus infranchissable. Il fallut bien remettre mon retour à mon hameau chéri, à des jours moins désastreux. Au milieu de tant de de maux, on était cruellement affligé, mais non abattu.

Et lorsque enfin, après tant de souffrances prolon-
gées, les premiers bruits d'une suspension d'armes,
qu'on regardait comme le prélude d'une capitulation,
commencèrent à se répandre, ces nouvelles causaient
en général moins de joie que de dépit et de doulou-
reuse humiliation. Quant à moi, j'étais désolée et je
me disais dans l'amertume de mon cœur : « Nul chagrin
ne m'aura donc été inconnu sur cette terre ! Après
avoir porté le deuil de mes parents, de mes amis les
plus chers, je porterai donc à mon dernier jour celui
de ma patrie ! Alors je tâchais de penser à la patrie
céleste ! J'avais aussi recours à la poésie et j'ai écrit à
cette époque quelques vers que j'ai réunis sous un
titre religieux et consolant : *Sursum Corda !* Ces poé-
sies font partie des volumes de mélanges que je me
dispose à publier sous le titre d'*Épaves*. Ce titre n'est
que trop justifié, comme on le verra par le récit
suivant.

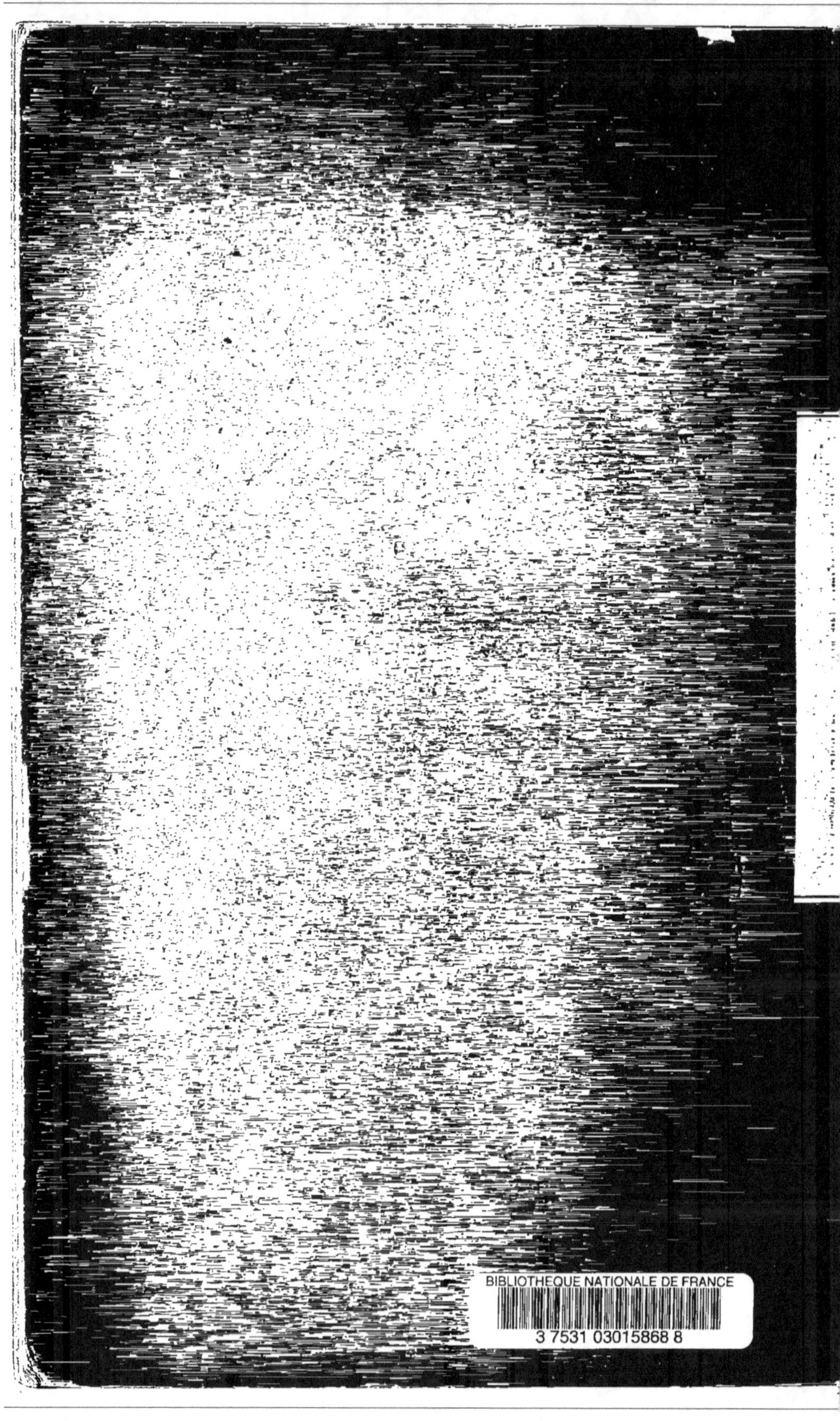